SOCIÉTÉ DES AMIS DES ARTS

DE LA MOSELLE

SOUS LE PATRONAGE DE L'ACADÉMIE IMPÉRIALE DE METZ

EXPOSITION DE 1869

CATALOGUE

PRIX : 25 CENTIMES

METZ

F. BLANC, IMPRIMEUR DE L'ACADÉMIE IMPÉRIALE

1869

SOCIÉTÉ DES AMIS DES ARTS

DE LA MOSELLE

SOUS LE PATRONAGE DE L'ACADÉMIE IMPÉRIALE DE METZ

EXPOSITION DE 1869

CATALOGUE

PRIX : 25 CENTIMES

METZ

F. BLANC, IMPRIMEUR DE L'ACADÉMIE IMPÉRIALE

1869

SOCIÉTÉ DES AMIS DES ARTS

DE LA MOSELLE

SOUS LE PATRONAGE DE L'ACADÉMIE IMPÉRIALE DE METZ

EXPOSITION DE 1869

ANDRIEUX, à Paris.

1. En chasse.

ANDRÉE, rue de Rome, 73, Paris.

2. Les Tourterelles.   Faïences camaïeux.
3. Les Bulles de savon.   Id.

APPIAN, rue Juiverie, 4, à Lyon. — Médaille d'or à Paris 1868.

4. Un Ruisseau près du pont de Beauvoisin (Savoie).

ARNOUX (MICHEL), élève de Léon Cognet et d'Édouard Frère, à Écouen (Seine-et-Oise).

5. La Leçon de dentelle.
6. Pas assez dormi.

AVANÇON (Ernest-Thiérion d'), Paris, rue Fontaine-Saint-Georges.

7. Aiguille du Dru (effet du soir).

BARILLOT. — Élève de Cathelinaux. — Metz, rue des Bénédictins.

8. Pivoines.
9. Le Sentier de Sainte-Odile (Alsace).

BARON.

10. La Petite curieuse.

BAUDERON DE VERMERON (Mme), née Rémaury, — Élève de L. Bauderon de Vermeron. — 16, rue Vintimille, Paris.

11. Ils sont trop verts!

BAUDERON DE VERMERON (Louis). — Élève d'Eugène Delacroix. — Médaille d'or à Paris ; — Médaille à Rouen. — Rue Vintimille, 16, Paris.

12. Fête de Bacchus.
13. Le Guet-apens.

BAUDOUIN.

14. Portrait au fusain.

BEERNAERT (Mlle Euph.), rue de la Batterie, 46, Bruxelles. — Médaille d'argent au Havre.

15. A Limay (Condroz.)
16. La Vallée de Houyoux.

BELLEVOYE (Ad.), rue Four-du-Cloître, 5, à Metz.

17. Dessin de l'église de Lessy.
— de Lorry.
— de Fèves.
— de Norroy-le-Veneur.
18. Catherine Opalinska (projet de médaille). Camée.
Deux portraits. Camées.
Médaille du concours régional de Metz.

BENARD (Eugène), 3 et 5, rue de Calais, à Boulogne-sur-Mer. — Médailles à Rouen, Amiens, Metz, Boulogne; — Décoré de l'Ordre *Litteris et Artibus* de Suède.

19. Un Sauvetage à l'embouchure de la Tamise.
20. Place du Marché-aux-Poissons (Tréport, Normandie).
21. Andresselles, près Boulogne-sur-Mer.
22. Rue des Bouchers, à Abbeville (Somme).

BONNEMÈRE (Lionel), 31, rue de Boulogne, Paris.

23. Modèle d'un coffret à exécuter en bronze. Bas-reliefs tirés des fables de La Fontaine.

BONY (de), 56, rue de Grenelle-Saint-Germain, Paris.

24. Étude à l'encre. Paysage.
25. Id. Id.
26. Vue prise au col de Splügen, passage de Suisse en Italie.

BOURGES (Léonide), à Écouen (Seine-et-Oise).

27. Jeune fille couronnée de liserons.
28. Jeune fille arrangeant un bouquet.
29. Pâturage aux environs de Fontainebleau.

BOUTERWCK, peintre d'histoire. — Médailles de troisième, deuxième et première classe; — Chevalier de l'Aigle rouge de Prusse, Saint-Maurice et Lazare, d'Isabelle-la-Catholique; — Grand prix de Rome.

30. Daphnis et Chloé.

BOUTERWCK (Henriette).

31. Le Marquis d'Avalos, d'après le Titien.

BRENNER-LACOSTE, 5, place Saint-Michel, Paris.

32. La Prière.
33. Fleurs dans les ruines.

CARPEAUX.

54. Statue. Pêcheur napolitain.	Terre cuite.
55. Statue. Jeune fille à la coquille.	Id.
56. Statuette. Réduction du Pêcheur.	Bronze.
57. Statue. Le Pêcheur napolitain.	Id.

CHAIGNEAU (Ferdinand), à Paris.

58. Moutons au repos.
59. Moutons. Le repas.

CHATROUSSE (ÉMILE). Médaille d'or à Paris en 1863, 1864, 1865 ; — Médailles à Lyon, Bayonne, Le Havre, etc.

40. La Madeleine au désert.
41. Statuette.   Terre cuite.

COLLIGNON, rue des Bénédictins, à Metz.

42. Paysage.   Aquarelle.
43. Id.   Id.
44. Id.   Id.

CONSTANT (VICTOR), rue des Tanneurs, 29, à Malines.

45. Moisson dans le Brabant.
46. Entrée de campagne.

COROT (CAMILLE), à Ville-d'Avray.

47. Paysage.

CORDIER (FÉLICIEN), 4, place de Chambre, à Metz.

48. Ruines du château de Preny.
49. Le Pont de Magny.
50. Le Clair de lune.   Dessin.
51. Rue Saulnerie. Vue prise du quai des tanneurs.   Id.
52. Ruines du château de Rodemack.   Id.
53. Château de Mardigny.   Id.

COUTURIER.

54. La Fileuse.

DAMIOU-MONIER.

55. Le Retour des champs.   Sculpture sur bois.
56. L'Aurore.   Id.

DAUBIGNY (Ch.), à Paris.

57. Bords de la Seine.

DELVILLE-CORDIER (Mlle), 19, quai St-Michel.

58. Nature morte.
59. Id.

DEVILLY (Théodore), à Metz, rue du Palais. — Médaille en 1850, 1857, 1859, 1861 à Paris; — Hors concours; — Médaille d'honneur à Metz 1861; — Grande médaille à Lyon 1867.

60. Portrait de M. le général Mangin.
61. Saint Sébastien.
62. Mazeppa.
63. Lever de lune. — Don Quichotte abordant les solitudes de la sierra Morena.
64. La Mort au champ d'honneur.
65. Lionne aux aguets.

DESHAYES (Charles).

66. Les Bords de la Seine.

DESHAYES (E.), à Paris.

67. Un coin de ferme.

DOZE, boulevard du Grand-Cours, 19, à Nimes. — Médailles d'argent et d'or à Nimes, 1854 et

1860, Montpellier, Lyon, Périgueux, Bayonne, Albi, Carcassonne ; — Deux mentions à Paris.

68. Enfant fustigeant sa poupée.

DUPLESSIS (Mme Amélie), à Metz.

69. Portrait de Mme X.
70. Portrait de M. D.
71. Persée et Andromède. D'après le tableau original de P. Véronèse, appartenant au musée de Reims.

FAIVRE (Émile), rue des Murs.

72. Gibier sur table. A Mlle Guy.
73. Pivoines et Iris. A Mme de Bouteiller.
74. Tulipes et Auricules. —
75. Jeune fille rangeant des fruits. A M. Sandré.
76. Chrysanthèmes et Coquillages. A M. Piquemal.
77. Pivoines sur pied et vase de marbre blanc. A M. Huot.
78. Enfant à l'oie dans des roses trémières. A M. Le Joindre.
79. Raisins et Pommes.
80. Raisins et Draperie de guipure.
81. Fraises et Framboises sur une feuille de chou.
82. Chrysanthèmes. A M. Montjean.
83. Roses dans un vase.   Id.
84. Coin de jardin.   Id.
85. Atelier d'armurier. A M. E. Lefèvre.
86. Roses. A Mme Michel.
87. Copie, d'après Rambrandt.
88. Ruisseau de Chatel.
89. Jardin de Lessy.
90. Chèvres sur le Saint-Quentin.

91. Tête de chevreuil.
92. Étude de mur.

FAIVRE (Mme).

93. Portrait de Mme O.
94. — Mlle J. M.
95. — M. H. M.
96. — M. T.
97. — Mlle B. R.

FANART (Antonin), rue Neuve, 6, à Besançon. — Mention honorable à Paris ; — Médailles d'argent à Metz, Nancy, Besançon, Bayonne, etc.

98. L'entrée du Valais (Suisse).
99. Bouquet de chênes à Régny.

FARUFFINI, à Paris.

100. Médora.

FAUGAS (Paul).

101. Temps couvert.   Paysage.
102. Vue de la Moselle (le matin).   Id.

FAVERJON, rue Ste-Élisabeth, boulevard d'Enfer, 59, Paris. — Médailles à Rouen, Genève, Périgueux.

103. Vue prise aux Catalans, près Marseille.   Pastel.
104. Étude.   Id.
105. Trompe-l'œil.   Id.

FLEURY (Mlle Octavie), à Metz. — Médaille Metz en 1861.

106. Bouquet de Rhododendrons et Cinéraires.
107. Groupe de Chrysanthèmes.
108. Enfant à son lever.   Pastel.
109. Portrait de Mme C.
110. Portrait de tête d'enfant.   Miniatures.

FLICK (Émile-Auguste), rue Serpenoise, 59, à Metz. — Élève de M. Devilly.

111. Pendant la chasse (gibier au pied d'un arbre).
112. Fruits cueillis.
113. Jouy (mois de juin).
114. Fraises sur une feuille de chou.

FLICK (Félix), rue Serpenoise, 59, à Metz. — Élève de MM. Maréchal et Devilly.

115. Son portrait.   Vitrail.

FRANÇOIS (Félix), rue des Jardins, 30, Metz.

116. Paysage.

FRÈRE (Charles), à Écouen (Seine-et-Oise). — Médaille 1867.

117. Le repas aux champs.

FRUTIEAUX, à Metz. — Médaille à Metz 1861. — Élève de MM. Maréchal et Migette.

118. Portrait de M. *
119.   — de Mlle *
120.   — de Mlle *

GRATIA, rue Saint-Maur, 41. — Médailles à Paris en 1844 et 1861 à Lunéville.

121. Tête de femme. Étude.
122. Portrait de Mme ***.
123. Id. de M. A. Gaillard.
124. Id. de Mme Gaillard.
125. Id. de Mme Grillon.

GRINEVALD, de Saint-Avold.

126. Vue de Saint-Avold (prise de la montagne dite Felsberg).
127. Chasse aux bisons, par des Peaux-Rouges dans les plaines du Texas (Amérique septentrionale).
128. Une scène champêtre aux environs de Saint-Avold.
129. Undercliff sur le fleuve Hudson (États-Unis).
130. L'impératrice Eugénie.

GUILLON (Adolphe-Irénée), 128, rue d'Assas, à Paris.

131. Pin parasol, à Cannes (matinée d'hiver).

GUY (Mlle).

132. Tête d'enfant. Bohémien.
133. Tête de jeune fille. Bohémienne.

HALLAUER, rempart Belle-Isle.

134. Un Soir (paysage).
135. Les Chênes. Fusain.
136. Les Roseaux. Id.

HERVIER, à Paris.

137. Intérieur de cour à Barbisson (les animaux peints par Ch. Jacques).

HOPKINS, à Boulogne, route de Calais, 20.

138. Un Perdreau.   Terre cuite.
139. Un Râle.   Id.

HUSSENOT, à Metz. — Médaille d'or, 1846, à Paris.

140. Portrait de Mlle M. J.

JAQUE (Charles), à Paris.

141. Rentrée du troupeau à l'approche de l'orage.

KARTH-OPPERMANN, à Barr (Bas-Rhin).

142. L'Alsace aux environs d'Andlau.
143. Les Vosges. (Vue du mur payen sur la montagne Saint-Odile.)
144. Environs de Barr.
145. Mont Sainte-Odile, près de Barr (effet du soir).
146. Château de Spesbourg, d'Andlau (effet du matin).

KUVASSEY (Charles) fils, 15, boulevard Malesherbes. — Élève de MM. Isabey et Durand-Brager.

147. Port de Fécamp (Normandie).
148. Port d'Iport,   id.

LACROIX (Gaspard), à Paris.

149. Paysage.

LALLEMENT (Mlle Alexandrine), Metz, rue de l'Évêché, 10.

150. Mme la baronne de C.
151. M. F. de C.
152. M. R. de C.
153. Mlle J. B.
154. M. L. (Souvenir du Mexique).
155. M. D. (Fixé).

LAPEYRUSSE, à Bayonne, rue du Port-Neuf, 18.

156. Le Denier de la veuve.
  (Évangile selon saint Marc, ch. XII, v. 43 et 44.)

LASSALLE (Louis).

157. L'École communale.

LAYS, à Lyon, rue Sainte-Hélène, 41. — Élève de Saint-Jean. — Médailles à Lyon, Genève, Marseille, Dijon, Montpellier, Nimes, Bayonne, Troyes, Le Havre.

158. Vase de Fleurs variées et Framboises.

LECLERC (Mlle Marie), de Nancy. Paris, rue Vanneau, 26. — Élève de MM. Hussenot et Auguste Couder.

159. La Source d'Ingres, d'après l'original appartenant à Mme la comtesse Duchatel.
160. Portrait de Mlle Suzanne Burnouf.
161. Tête d'étude, d'après Fragonard.
  Miniatures sur porcelaine.

LEGRAND (Alexandre), quai Bourbon, 15.
162. La Toilette.

LEPETIT, quai Saint-Pierre, 11, à Metz.
163. Tambour.
164. Clairon.
165. Un Blanc.
166. Un Bleu.
167. La Guerre.
168. Les Gueux.
169. Halte de Bohémiens.
170. Le Christ.
171. La Bouquetière.
172. Le Moissonneur.
173. Les Fleurs.
174. Une Statuette.

LÉPINE (Stanislas), à Paris.
175. Le quai de Bercy, à Paris.

LUCY-FÉRY (Louise), boulevard Saint-Martin, 21, Paris.
176. Graveur sur pierres fines, d'après la peinture du Pontormo.

LUCY (Ad.).
177. Paysage. Aquarelle.

MENNESSIER, rue des Prisons-Militaires, à Metz.
178. Vue prise en Champagne.
179. Vue prise près Foulandeur, sur la route de Lisieux.

180. Écluses sur le ruisseau de la forêt de Montfort (Eure).
181. Une Mare dans la forêt de Caumont (Seine).
182. Vue prise dans le château de la Ricardière (Eure).

MICHEL (Émile), rue des Prisons-Militaires, Metz. — Élève de MM. Maréchal et Migette. — Médaille à Paris 1868; — Médailles à Metz 1861, Toulouse 1867.

183. Chasse sur la Falaise (acquis par le ministère d'État, au salon de 1868, appartient au Musée de Metz).
184. Avril (appartient à Mlle M. Paigné).

MICHEL (Charles), rue du Dragon, 3, à Paris. — Médailles à Paris 1861, 1863, 1866.

185. Un Pifferaro.

MILLER (C. Mlle), rue Goussaud.

186. Intérieur d'église, d'après un croquis de M. Hussenot.

MOLLET (Ernest), 46, rue de la Victoire, Paris.

187. Portrait de M. E. M.
188. L'Attente.

MUSIN, rue de la Limite, 66, à Bruxelles.

189. Une Plage, côte de Zélande.
190. Une Vue sur le Ruppel (Belgique).

NICOLAS (Hypolite), Metz, rue Fournirue, 30. — Élève de M. Devilly.

191. Parc de la Grange-Lemercier (effet d'hiver).
192. Effet de pluie à la Basse-Montigny.
193. Soleil couchant en février (les côtes de Plappeville).

NIGOTE (Charles), Paris, rue d'Assas, 86.

194. Paysage. Coucher du soleil dans les bois.

OUVRIÉ (Justin), place Pigalle, 11, à Paris.

195. Interlacken et la Iung-Frau.

PALIANTI, 5, rue de la Pépinière, à Nancy.

196. Caravane de muletiers dans les Pyrénées.
197. Vue prise dans la forêt des Haies, près Nancy.

PARMANTIER (Ch.-Gustave), 8, rue Linné, Paris.

198. Daim et Daine.
199. Renne de Laponie.

PECRUS, à Paris.

200. L'Entretien.
201. L'Étude.

PELLETIER (Laurent), rue Lepic, 53. — Médaille d'or, Paris 1841, 1846 ; — 14 médailles en province.

202. Une promenade dans la forêt.		Paysage.
203. —	au Bas-Bréau.	Id.
204. —	à Royat.	Id.

PERRIN, photographe, 140, à Nancy, rue Saint-Dizier.

205. Photographies.

PÊTRE (Ch.), Metz, place de la Préfecture.

206. Jeune Faune (buste en marbre).

PILS, à Paris.

207. Pifferari.

PONTHUS (Cimier), avenue de l'Archevêché, à Lyon.

208. La Pluie dans les montagnes d'Aix.
209. Rives de l'Ain, près Neuville.

PORTE (Mme Adèle de la), à Paris, rue Saint-Dominique, 22. — Médailles à Genève, Périgueux, Bayonne.

210. Deux levrettes.
211. Roses.

RIBOT (Th.), à Paris.

212. Nature morte.

RICOIS, 197, rue Saint-Dominique-Saint-Germain.

213. Vue du village de Chamounix.
214. Vue prise au bois de Boulogne (revue du 6 juin 1867).
Aquarelle.

ROGBET (F.), à Paris.

215. Un Fou.
216. Geai mort.

ROSIER (Amédée), à Ville-d'Avray.

217. Constantinople (effet du matin).
218. Environs de Tunis (soleil couchant).
219. Le Grand Canal à Venise (matin).
220. Environs de La Haye (clair de lune).

ROUSSET (M{ᴵˡᵉ} Léontine), rue des Murs à Metz.

221. Portrait de jeune fille (étude d'après natu e). Pastel.
222. Fruits (étude). Id.
223. Copie d'un tableau de Rembrandt. Id.
224. Copie d'un tableau de Rubens: Id.

SALLES (Jules), à Nimes, place Saint-Paul, 4. — Élève de Paul Delaroche.

225. Jeune fille priant dans l'église de Saint-Pierre de Rome.

SAUZAIS, rue des Acacias, 19, Paris.

226. Hutte de bûcherons, aux environs de Nonneville.

SCHOUMACKER (Ch.), à Metz, rue de l'Évêché, 4.

227. Une Femme et sa Chèvre (bas-relief). Marbre.
228. Bacchus enfant (médaillon). Marbre.
229. Pastorale (bas-relief). Plâtre.

SERRES (Antony), rue Chaptal, 7, Paris.

230. Marguerite à l'église.

> Que ne suis-je loin d'ici !
> (Gœthe).

SIMON (Léon), 3, rue du Moyen-Pont, à Metz.

231. La Vologne, près Gérardmer (Vosges). Fusain.
232. Bouleaux (parc de la Grange-aux-Ormes). Id.
233. Forêt de Valdeck (Moselle). Id.
234. Effet de matin. Id.

TIRODE (Jules), rue des Granges, 18, à Besançon.

235. Rocher de la Malcombe, près Besançon.

236. Ruisseau de la Beurre (Doubs).
237. Petit Chamars, à Besançon.

TOUCHEMOLIN, rue du Temple-Neuf, Strasbourg.

238. Halte militaire dans un village allemand (1796).
239. Les Renseignements. Épisode de la guerre du Canada (1795).

VALENTINO (Mlle Amélie), rue de la Haye, 13 et 15. — Élève de Mme Faivre.

240. Jeune fille (copie d'après Flinck).
241. Portrait de femme en réduction (copié d'après Mme Lebrun).
242. Dessin aux deux crayons.

VALLON (Antoine), à Paris.

243. Fleurs.

VAN HOVE.

244. Le Grand-Père.

VAN ROY, à Waelham, près Malines.

245. Réunion champêtre. Costumes flamands.

VARIN (Alexis), architecte à Metz.

246. Projet, sur le Jardin-d'Amour de Metz, d'un cirque devant servir de salle de concerts, d'exposition des beaux-arts, d'horticulture, de distribution de prix, de conférences, et en général à toutes sortes de réunions publiques.

VERRLOET (V.), professeur à l'Académie royale de Malines.

247. Intérieur du tabularium à Rome.
248. Entrée du jubé des Capucins à Rome.

Tableaux faits à Rome, d'après nature.

VERRLOET (J. Mme), à Malines.

249. Objets de luxe sur une table.
250. Oiseaux morts suspendus.

VILLA (ÉMILE), avenue de Breteuil, 78, Paris.

251. Pêches.
252. Rave et Escargots.

WALKER, à Paris.

253. Équipage de chasse.

WATRIN (ALBERT), rue Jurue, 25, à Metz.

254. Vue intérieure du Musée de Cluny (Paris).
255. Environs de Trèves.
256. Rentrée des bestiaux au bercail.
257. Maison du baron de Gargan.   (Vieux Metz.)
258.   Id.   de M. Cadet, rue Fournirue.   Id.
259.   Id.   d'auberge, rue des Piques.   Id.
260. Tête d'expression.
261. Environ de Trèves.   Fusain.

ZIMMERMANN (FRÉDÉRIC), vallée du Collége, 9, à Genève. — Médaille de première classe, Metz, 1861 ; — Médailles à Berne, Nimes, Montpellier.

262. Le Wetterhorn avec le glacier de Rosenlaui.

PREMIER SUPPLÉMENT.

BOUCHY (Théodore), place de Chambre, 25.
263. Étude d'un cheval.

GUY (M{ll}^e). Élève de M. Maréchal.
264. Paysanne. — Pastel.
265. Étude. — Id.

VALENTIN (F.), à Maizières-lès-Metz.
266. Escalier tournant.
267. Roue hydraulique.

HAILLECOURT (M{ll}^e).
268. Miniature. — Diverses copies d'après Vélasquez, Van Dyck, Rubens, Titien, etc.
269. Miniature. — Portraits.
270. Pastel. — Jeunes filles donnant à manger à des poules.
271. Id. Deux Bouquets de fleurs, appartenant à M. Ed. Gérardin.

Les personnes qui désireraient acquérir quelqu'une des copies de M{ll}^e Haillecourt, pourraient s'adresser à M. Faivre, rue des Murs, n° 1.

HUMBERT, photographe, à Metz.
272. 8 Médaillons sur glace (vitrifiés).
5 Médaillons aux émaux sur glace (non vitrifiés).
1 Paysage transparent obtenu par l'aptographie.
2 Médaillons opaques à la manière rouge sur opal-glass.
1 Moule double de lithophanie digraphique (photo.).
1 Épreuve au noir sauce transparent (non vitrifiée).

1 Épreuve (au moyen d'une composition de l'auteur) transparente pour la reproduction d'un cliché photographique ordinaire à la lumière diffuse pour grandissement.

1 Moule gravure en émail sur glace vitrifiée.

1 Moule de lithographie photoénamotypique.

1 Médaillon (magie sculpture photographique).

1 Médaillon sur opal-glass (au pourpre de Cassius) (vitrifié).

1 Médaillon (bronzage pour la photographie).

1 Médaillon (photographie sur plâtre).

1 Médaillon (héliosculpture).

1 Médaillon sur opal-glass (émail noir).

1 Médaillon (silicatisation sans feu).

1 Médaillon opalisé au phosphate de chaux (vitrifié).

Tous ces produits (moins la lithophanie et l'héliosculpture) sont obtenus à l'aide de deux nouveaux sels trouvés par l'auteur. Le même acide donne l'aptographie dans l'obscurité, et par une réaction différente la photographie en plein soleil; l'acide qui sert à la fois pour les deux inventions donne à volonté pour les deux modes de reproduction le positif ou le négatif, selon la durée de l'exposition ou du contact.

www.ingramcontent.com/pod-product-compliance
Lightning Source LLC
Chambersburg PA
CBHW060920050426
42453CB00010B/1828